AF242982

RÉPLIQUE

A

M. SEYMOUR (AUGUSTE)

PARIS

IMPRIMERIE ADMINISTRATIVE DE PAUL DUPONT

RUE J.-J.-ROUSSEAU, 41 (HOTEL DES FERMES)

1869

RÉPLIQUE

A

M. SEYMOUR AUGUSTE

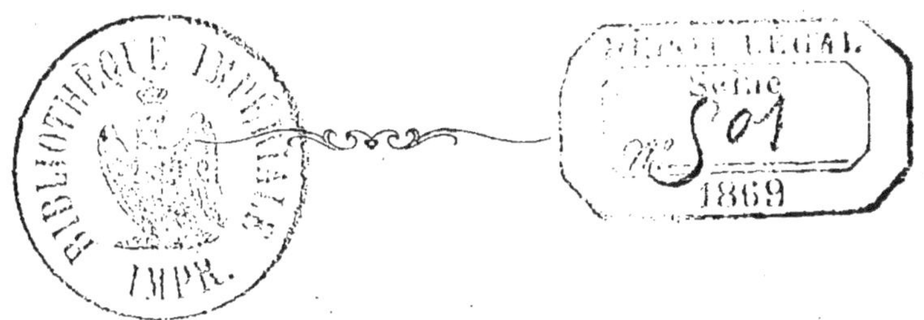

Je suis fatigué de répondre aux calomnies de mes ennemis; mais il le faut encore une fois.

M. Seymour Auguste m'a rencontré il y a sept mois dans une maison respectable, qu'il n'est pas nécessaire de nommer. Dans l'intention de m'offenser, il a traité de pillards et d'incendiaires le général Salnave et son parti, auquel j'appartenais. Alors moi, ainsi attaqué en face, j'ai dit ces mots : « Il y a quelque chose de pire que d'incendier; c'est la lâcheté de « trahir une cause qu'on avait volontairement embrassée. » A cette réplique, M. Seymour a osé me menacer et se jeter sur moi. Une lutte s'est engagée entre nous. Il avait une canne; moi, je n'étais pas armé. J'ai pu dans le cours de la lutte me servir de sa canne pour l'en frapper à la tête et lui faire une blessure qui l'a couvert de sang. Cette canne est encore chez moi. J'en appelle, pour l'exactitude de ce récit, au témoignage de la personne chez laquelle j'ai été si grossièrement attaqué.

A quelque temps de là, mon beau-père ayant entendu raconter cette affaire à mon désavantage, sans doute d'après le compte rendu mensonger de M. Seymour, m'a demandé ce qui s'était passé. J'ai été obligé de lui en parler. Ma lettre, je ne sais comment ni pourquoi, a été publiée au *Moniteur*. Ce journal arrivé à Paris, M. Seymour m'a envoyé deux de ses amis me demander une rétractation. Ces messieurs m'ont communiqué le journal, dont je n'avais point encore entendu parler. J'y ai jeté les yeux à la hâte et j'ai dit que je voulais voir ma lettre originale avant de répondre. C'était le 1ᵉʳ janvier. Le lendemain j'ai reçu de ces messieurs une lettre par laquelle ils me demandaient une réponse immédiate. Je leur ai répondu que je ne changeais pas ma décision, quoique je n'eusse pas de compte à rendre au sujet d'une lettre que je n'avais pas fait publier.

Cependant quelques heures après, ayant recueilli mes souvenirs sur les termes de la lettre imprimée, je leur ai écrit une nouvelle fois à la date du 3 janvier pour leur dire que je ne désavouais pas ce qu'on avait imprimé, que je le maintenais comme exact, mais que je ne prenais pas la responsabilité du fait de la publication.

Rien n'est plus rationnel qu'une telle réponse. Cette lettre m'a été retournée, et une personne, alors en visite chez moi, a certifié par écrit qu'elle m'a été remise en sa présence avec une lettre de ces messieurs, par laquelle ils m'annonçaient que leur mission était terminée. Voici cette lettre, que la mauvaise foi de M. Seymour a omis de mentionner :

Paris, le 3 janvier 1869.

« Monsieur Delorme,

« Nous recevons à l'instant votre lettre et avons le regret de vous la retourner, celle que vous nous avez écrite hier et que nous avons communiquée à M. Auguste ayant mis fin à notre mission.

« Nous avons l'honneur de vous saluer.

« A. Guercy, J. Leroy. »

Ainsi à la date du 3 janvier, j'avais explicitement annulé les deux notes que j'avais précédemment écrites à l'égard de cette affaire, et que M. Seymour, pour se faire valoir, a fait imprimer sans rien dire de ma dernière, lettre qui lui donnait mon dernier mot.

Cinq jours après ma susdite lettre du 3 janvier, M. Seymour a publié un petit livre, dans lequel il me dit des injures. Il va sans dire que je méprise et les injures et celui qui les a dites. Néanmoins, je répondrai un mot à l'égard de ce qu'il dit de ma vie politique et d'une note publiée contre moi par mes ennemis. J'ai déjà répondu à cette note. Ma vie politique est sans flétrissure. Mes ennemis m'ont beaucoup persécuté, mais ils n'ont jamais pu articuler un fait qui porte atteinte à mon honneur.

Dans mes relations privées comme dans ma carrière politique, j'ai toujours voulu le bien, et j'ai fait les plus grands efforts pour l'accomplir. C'est cette passion du bien, m'inspirant et me poussant sans cesse, qui a soulevé contre moi tant d'envieux et tant d'ennemis.

Si la vie de celui qui m'insulte valait la peine d'être racontée, il n'y aurait pas lieu d'en dire autant. M. Seymour, probablement sans avoir bien réfléchi sur lui-même, ose dire que ma conduite privée est aussi légère que ma conduite politique est ridicule. Ce dernier mot est pour ainsi dire le nom même de M. Seymour. Il s'applique avec une merveilleuse exactitude à différentes situations de sa vie et notamment à la façon héroï-comique dont cet homme si plein de bravoure, courant à cheval dans les rues de la ville du Cap, a acclamé la révolution du général Salnave, le 9 mai 1865, pour se sauver quelques jours après, aussitôt qu'il eut appris que le général Geffrard, au lieu de se retirer du pouvoir comme il l'espérait, s'était décidé à se défendre et expédiait des troupes contre le Cap. Mais ce qui ajoute encore au ridicule de cette conduite, qui demande certainement une qualification plus sévère, c'est que le susdit Seymour ne s'est pas contenté de fuir le danger qui arrivait, mais qu'il est allé se rendre au parti ennemi, demandant pardon, servant contre la révolution et accomplissant ainsi une trahison qui n'a son égale ni dans l'histoire de notre pays, ni dans l'histoire d'aucun autre pays. Car c'est lui personnellement qui, croyant que tout allait réussir, et heureux d'avoir cette occasion de produire un échantillon de sa petite éloquence, qui jusque-là ne s'était épanouie que dans les oraisons funèbres des loges maçonniques, a fait un discours au bureau de l'arrondissement pour décider les autorités de la ville du Cap à accepter la révolution.

Voilà un fait qu'on n'oubliera jamais en Haïti. Ce n'est donc pas sur mes *cendres*, comme vous le dites dans le dessein de faire de l'esprit, c'est sur les vôtres qu'il faut pleurer, ô Seymour Auguste, qui m'avez rappelé le 11 mai 1865, avant les dangers, que vous étiez arrivé avant moi au palais national pour y installer la révolution ! Il n'y a pas dans le monde de plus grande infamie qu'une telle action. Le côté ridicule de cette histoire s'efface devant ce qu'elle a d'odieux et de repoussant. Dans les temps chevaleresques, les braves faisaient quelquefois grâce aux criminels, mais ils pendaient les traîtres sans rémission.

Je me contente de ce seul trait. Je ne m'occuperai pas plus longtemps de la petite personne de M. Seymour. Je ne lui parlerai même pas de M. Diogène Bras. Il suffit de ce que je viens de dire pour faire voir que entre ce monsieur et moi, l'homme ridicule, l'homme sans foi et sans courage, ce n'est pas moi.

M. Seymour s'est trouvé avec moi à la Chambre des représentants et plus tard dans une révolution. Dans ces deux circonstances, que je ne rappelle pas à sa gloire, je lui ai donné deux leçons de courage et de fermeté. Je me préparais à lui en offrir une autre, quand ses amis m'ont annoncé que leur mission était terminée. D'ailleurs, M. Seymour Auguste verra bien que celui qui n'a pas eu peur d'affronter les dangers de la guerre pour rester fidèle à la parole donnée, et qui dernièrement encore, avec une poignée d'hommes, a pu se maintenir au Port-au-Prince, au milieu des plus grands périls, jusqu'au retour du général Salnave, ne peut avoir peur *d'aller sur le terrain*, comme il le dit.

Enfin, je dirai à ce M. Seymour qu'il a commis un mensonge ignoble en disant qu'il m'a écrit la dernière lettre imprimée dans son libelle. Je ne l'ai jamais reçue. Ce procédé n'est pas étonnant de la part de l'homme que je viens de désigner.

Paris, 12 janvier 1869.   DELORME.

Paris, le 11 janvier 1869.

P. S. — Dès que j'eus expédié ma lettre du 3 janvier, je m'étais mis à chercher des témoins pour accepter un duel de M. Seymour. Après de nombreuses démarches, j'avais pu trouver M. Hofmann et M. Vandane, officier de chasseurs. A la réception du libelle de M. Seymour, j'ai prié ces messieurs de se rendre chez lui de ma part pour lui proposer une rencontre. Ils sont allés, et se sont entendus avec ses témoins en leur disant dès les premiers mots, qu'ils ne pourraient pas traverser la frontière de France. Ces messieurs n'ayant pas voulu accepter le duel en France, j'ai prié mes témoins de consentir à aller en Belgique. L'un d'eux a accepté, et comptait sur son ami, qui n'a pas pu quitter son service pour aller à l'étranger.

Nous devions partir pour Mons, le 11 à huit heures. Je me suis rendu à la gare avec le témoin qui me restait. Il a communiqué aux témoins de M. Seymour la lettre de l'officier son ami, qui lui disait qu'il ne pouvait pas passer la frontière, et il leur a notifié qu'il fallait que le duel se fît en France. Les témoins ont refusé. J'ai proposé au mien d'aller avec lui seul à Mons, où je pensais pouvoir trouver quelqu'un pour me servir. Il n'a pas voulu consentir à me suivre dans ces conditions, et il a déclaré de nouveau à ces messieurs qu'il fallait que la rencontre eût lieu en France même. Ils ont persisté à refuser, et là-dessus, je publie les pièces suivantes, signées de mes témoins, gens d'honneur et de cœur, que personne ne peut démentir.

Paris, le 11 janvier 1869.

« J'atteste que M. Delorme se trouvant insulté par la publication d'une brochure signée de M. Seymour Auguste, lui en a fait demander raison par ses deux témoins, MM. Hofmann et Vandane ; l'un de ces messieurs officier au 8ᵉ bataillon de chasseurs à pied, informa M. Delorme qu'il ne pourrait lui servir de témoin si le duel devait avoir lieu à l'étranger.

« Cette déclaration ayant été faite à six heures du soir par lettre ci-jointe, le second témoin de M. Delorme dut informer ceux de M. Seymour de ce qui se passait et les prévenir que le duel devait avoir lieu en France. Ces messieurs, les témoins de M. Seymour et M. Seymour lui-même, accompagnés d'un assez grand nombre de leurs compatriotes et amis, tous parfaitement étrangers à la question, procédé très-inconvenant et parfaitement inusité en France, ont refusé le duel en France, disant qu'ils iraient à Mons quand même pour y attendre M. Delorme, qu'ils savaient parfaitement ne pas pouvoir s'y rendre, vu qu'il n'avait plus qu'un témoin.

« M. Delorme, du reste, persista pour se rendre à Mons avec le seul témoin qui lui restait. Mais ce témoin ne put accepter ces conditions, ne voulant pas assumer la responsabilité de l'accompagner sur le terrain seul ou avec un témoin d'occasion.

« Je déclare qu'à plusieurs reprises, le matin même et la veille, nous avions insisté pour que le duel eût lieu en France, appréhendant les difficultés qu'il y avait pour M. Vandane, officier français, à franchir la frontière.

« De plus, j'atteste que M. Delorme a fait les plus grands efforts pour trouver, ce soir même, un second témoin qui pût l'accompagner en Belgique. Du reste, il est certain que le duel pouvait avoir lieu en France et que l'insistance non motivée de ces messieurs, me paraît, ainsi qu'à toute personne sensée, un faux-fuyant tout simplement.

« HOFMANN. »

A M. Delorme,

Monsieur, je ne puis me rendre au service que vous me demandez si subitement. M. Guercy a ses intérêts compromis en France, les miens le sont à l'étranger. Du reste, je ne vois pas pourquoi l'affaire ne se viderait pas à Vincennes, à Boulogne ou ailleurs, autour de Paris. Si vous ne pouvez vous arranger autrement, je refuse net.

Recevez, Monsieur, mes salutations empressées.

VANDANE.

11 janvier 1869.

Je ne puis me rendre compte du caractère et de l'issue que M. Seymour se proposait de donner à cette rencontre en réunissant ainsi du monde à la gare du Nord pour une affaire que j'avais pris, moi, tant de soin à tenir secrète, que ma femme même, malgré toute l'attention qu'elle y portait, n'en a pu rien savoir. Faut-il seulement rire de tout cela ?
Moi, j'étais seul à la gare avec mon témoin.

Paris, imp. Paul Dupont, rue J.-J. Rousseau, 41 (Hôtel des Fermes). 136.1.9

IMPR. PAUL DUPONT